SEELENBILDER

A. Priemuth
& T. Widmann

SEELENBILDER

Bibliografische Information der Deutschen Nationalbibliothek:
Die Deutsche Nationalbibliothek verzeichnet diese Publikation in der Deutschen
Nationalbibliografie; detaillierte bibliografische Daten sind im Internet
über http://dnb.d-nb.de abrufbar

© 2009

Herstellung und Verlag: Books on Demand GmbH, Norderstedt

ISBN: 9783839133934

Bilder und Gedanken

zweier Herzen

mit einem Schlag

Die Zeit ist ein Freund, wenn man erkennt,

dass sie nicht gleich und nicht für jeden rennt.

Für die, die mit dem Herzen seh`n,

für die bleibt sie auch manchmal steh`n.

Für die ist die Zeit auch keine Wunde.

Dem Glücklichen schlägt keine Stunde.

Drum genieß den Tag, sein ganzes Glück,

dann ruht die Zeit im Augenblick.

Glück

Ich öffne den Tag
mit dem Schlüssel der Phantasie
springe prustend hinein
und gleite auf Wellen ans Licht.

Nichts kann mich halten,
bremsen. Keine Gräben
reißen sich durch meinen Weg.
Nur für mich funkelt die Sonne.

Verjüngt - mit wippendem Haar
und leichtem Fuß- hüpfe ich
durch jeden hellen Moment,
den ich neugierig packen kann.

Misch mir tausend Farben und ich male
mich selbst in den 7. Himmel!

Nacht

In dieser Nacht im Schein der Kerzen

spür ich die Nähe unsrer Herzen.

So weiß ich mich tief drin in deinem

und dir gehört ein Stück von meinem.

Und wenn ich so am Fenster steh

und in den Sternenhimmel seh,

dann spür ich keine Ferne mehr

spür Nähe, spür Wärme sehr.

Wie man`s auch sieht

Ist es schwer, das Herz, ganz krumm der Gang
nicht einen Blick zum Wegesrand
Blumen, Bäume und das Licht
all das sehe ich dann nicht
Doch ich weiß es ja
.......es ist da......

Man kann es sehen, wie man will
Steht man am Start oder am Ziel
Sieht man den Schatten oder das Licht
Ist das Glas halb voll, oder auch nicht
Was man auch sieht
.....es ist da.....

Wenn es tanzt, das Herz, ganz leicht beschwingt
vom Strahl der Sonne zärtlich umringt
Blütenmeer am Wegesrand
wo vorher gar nichts stand
So seh ich ganz klar
.....es ist da.....

Man kann es sehn, wie man will
Ist das Leben Kampf oder nur Spiel
Gibt es nun Selters oder auch Sekt
Geht der Blick zum Glanz, oder zum Dreck
Wie man es auch sieht
.....es ist da.....

Ist die Welt grau oder bunt
Läuft es quer oder rund
oder einfach so
.......wie man es sieht......

Du...

Du siehst die Welt mit meinen Augen
badest kühn in meinen Gedanken
bringst meine Beine sanft zum Schaukeln
kriechst zarteng unter meine Haut
lädst Starkstrom in meine Fingerspitzen
durchschlängelst blumig meine Nase
kurvst wild durch mein offenes Haar
fliegst schmetterlingsschön in meinem Bauch
schwingst klangvoll durch mein Ohr
tänzelst als Glanz über meine Lippen
sprichst weise aus meinem Mund
klimperst gekonnt auf meinen Knöpfen
lachst frech aus meinem Herzen
füllst meinen ewig hungrigen Magen

mit Liebe

Sehnsucht

Zeit ohne Dich raubt mir den Mut
Sehnsucht brennt in eisiger Glut
lass ziellos durch die Zeit mich hetzen
kann ohne Dich kein Berg versetzen

Verdammte Sucht , Dich zu sehn
kann ihr nicht widerstehn

Kein Augenblick ist gut genug
ich spüre Zug um Zug Entzug
der Weg zum Gipfel führt bergab
geh ohne Dich den Bach hinab

Verdammte Sucht , Dich zu sehn
kann ihr nicht widerstehn

Regenbogen im grauen Glanz
verspüre Glück nicht halb, nicht ganz
das Sternenzelt steht auf Standby
verschwunden ist das Gelb vom Ei

Verdammte Sucht , Dich zu sehn
kann ihr nicht widerstehn

Mit Schlittschuhn auf dem blankem Sand
nicht mal den Spatzen in der Hand
als Schmetterling der nicht mehr fliegt
bin nur noch himmelhoch betrübt

Verdammte Sucht , Dich zu sehn
kann ihr nicht widerstehn

,......muss Dich heut noch sehn....

Der Tag erwacht im grauen Kleid

Er tut mir fast ein bisschen leid

So schmückt ihn nicht dies schöne Licht

was mich erwärmt, denk ich an dich

Ganz langsam, vorsichtig, zart

befreit die Sonne den Tag von der Nacht

hüllt das Leben sacht in die allerschönsten Farben

Ein täglich Wunder........
.....wie du......

Diamant im Glanz des Steins

Gebrochen verneigt sich in dir das Licht
Setzt dich als Stein auf manche Hand
Uns Menschen du das Glück versprichst
Und raubst dann doch nur den Verstand

Wir bergen dich mit Schweiß als Stein
Unser Wissen erst verleiht dir Glanz
Beenden mit Schliff dein karges Sein
Erst dann verführt dein Lichtertanz

Dein Glanz oft Lohn aus Fleiß und Blut
Dein Wert, er steigt durch unsre Gier
Was der Mensch für dich nicht alles tut
Ich geb mein Glück nicht her dafür

Oh Diamant, oh Diamant
Für wenige nur des Glückes Pfand
Doch Glück ist auch -sagt mein Verstand-
schmeichelt ein Kiesel meine Hand

Gedanken

Gedanken, die kreisen,
gehen auf Reisen
    zum Horizont

Getragen von Winden
Dem Alltag entschwinden
    mühelos leicht

Tänzeln um Bäume
Wunschvolle Träume
    zum Fassen nah

In Weite schweifend
nach Sternen greifend
    grenzenlos frei

Schweben durch Sphären
Werd' mich nicht wehren
    suche kein Ziel

Zauberer

Kann es denn heut' noch Zauberer geben
in dieser Welt voller Verstand?
Kann hier noch wirklich einer leben?
Du, Liebster, zeigst: Er kann!

Da, deine Augen, groß und glühend
Dein Blick, der ständig fragt
Und da dein Mund, wie Rosen blühend
der stets, was er nur denkt, auch sagt

Ja wirklich, Liebster, du kannst zaubern
Bei dir sein, ist schon Glück
Ich lieb dich so! Es gibt kein Zaudern,
es gibt kein Nein mehr, kein Zurück!

Kann's nicht für jeden hier auf Erden
solch einen Zauberer geben?
Die Menschen müssten glücklich werden
Die Liebe- würde leben....

Allein

Übersatt von zu viel Ferne strecke ich mich
nach Zweisamkeit. Taste mit klammen Fingern
und getrübtem Blick nach einer nahen Schulter
die nicht als Phantasie durch den Raum schwebt
Forme mit geschlossenem Mund einen Namen
um ihn mit meinem zu vermischen

Trete mit strauchelndem Fuß in jedes dunkle Loch
das die Sehnsucht in meinen Wolkenteppich reißt
Richte mein einsames Ohr auf den Klang der Stille
die als stummes Echo auf schwarze Wände prallt
Such meine Seele zu umwickeln mit einer Wärme
die mir nah ist wie mein Schatten

Die Liebe

Möcht' dir erzählen von einer Kraft,
die stärker ist als alle Macht.
Sie lässt uns die schönsten Dinge sehn,
lässt uns Unmögliches verstehn.
Auch den Ärmsten macht sie reich,
ein Herz aus Stein, sie kriegt es weich.
Sie ist die Quelle aller Güte,
die Rose, das ist ihre Blüte.
Sie, sie lässt uns niemals frieren,
lässt uns finden, nie verlieren.
Sie ist der Ursprung aller Triebe,
diese Kraft.........................die Liebe.

Partystimmung

Lass uns heut' Nacht die Liebe feiern
auch wenn dem Tag ein Name fehlt
in deinen Augen kann ich sehen:
Der Zeitpunkt ist sehr gut gewählt

Ein festlich' Tisch ist nicht vonnöten
denn uns're Tafel ist ein Bett
Was wir dann speisen- Nicht erröten!-
so mancher gern im Munde hätt'

Zu mixen sind keine Getränke
Wir trinken uns an Liebe satt
Auch wird verzichtet auf Geschenke
weil wer dich liebt, schon alles hat.

Verschwend' fürs Outfit keine Zeit
Muss mich nicht vor dem Spiegel dreh'n
Nicht wichtig ist ein Seidenkleid
Bin für dich trotzdem wunderschön

Nur Gäste woll'n wir heut nicht sehen
Kein Klingeln wird von uns erhört
Ihr könnt' doch sicherlich verstehen,
dass das ein kleines bisschen stört

Lass uns heut' uns're Liebe feiern
Heut ganz genau wie jeden Tag
Dass dir nie Partystimmung fehlt,
ist, was ich ganz besonders mag

Nur ein Stein

Drückst mir im Schuh
Liegst mir im Weg
Ein Stein, ein Stein
Ist ein Stein
denn nur ein Stein?

Schmeichelst doch so mancher Hand
Dienst so oft dem Glück als Pfand
Wohin wir auch jemals streben
Er wird es immer überleben

Schwören oft auf Stein und Bein
Wer hat schon gern ein Herz aus Stein?
Haben ihn schon gern im Brett
Steinreich sein, das wär' schon nett

Wird geworfen ins Rollen gebracht
Schutz...und auch Waffe unbedacht
Fällt uns gern von unsren Herzen
Aufs Grab gelegt in tiefen Schmerzen

Füllt unsre Städte ohne Lohn
Umhüllt, beschützt uns jeden Thron
Morgen und seit der Zeit aus Stein
wird er Stein des Anstoß sein

Drückst mir im Schuh
liegst mir im Weg
Ein Stein, ein Stein
ob groß, ob klein
Ist ein Stein
denn nur ein Stein?

Vergänglich

Deine Brust glänzt im Schein des Mondlichts
Salzperlen zerfließen zu winzigen Bächen
umsegeln die Gebirge deiner Gänsehaut
und enden glücklich auf meinen Lippen

Während unser Atem eine Melodie komponiert
für die der Herzschlag den Takt bestimmt
holst du sie dir mit deinen Küssen zurück
weil sie nicht mir gehören- wie du

Mein Freund

Sagt man zu ihm: Es geht mir gut
Wie man's so unter Freunden tut
Dann sagen seine treuen Augen:
OK, mein Freund, ich will dir glauben

Doch läuft das Leben aus der Spur
Trübt sich mein Blick ein bisschen nur
Kann auch ein Lachen ihn nicht trügen
Ich kann ihn einfach nicht belügen

Er hört mir zu, wenn ich auch spinn'
Hat immer nur mein Wohl im Sinn
Und schlag ich übers Ziel hinaus,
treibt er mir meine Flausen aus

Ein Freund, wie er im Buche steht
Freundschaft, die wohl nie vergeht
Zwei Seelen, die sich blind verstehn,
auch wenn sie sich nicht immer sehn

Unterwegs

Das Leben ähnelt einer Fahrt
in einem voll besetzten Zug
Ist auch die Reise manchmal hart
Vom Fahrtwind kriegst du nie genug

Man rollt im fest verlegten Gleis
doch Strecken gibt es viele
und wie ein jeder sicher weiß
bestimmt man selbst die Ziele

Auch wenn der Zug ganz plötzlich mal
die falsche Richtung nimmt,
Steig einfach um! Du hast die Wahl! -
dass alles wieder stimmt

Den Fahrschein kriegst du kostenlos
für den musst du nicht sparen
Für ganz bestimmt Strecken bloß
muss man sehr teuer zahlen

Nicht jede Fahrt ist immer gleich
das kann auch gar nicht sein
Stehst mal im Gang, mal sitzt du weich
mal reist du ganz allein

Doch ständig steigen Leute zu
begleiten dich ein Stück
An manchem Ort jedoch merkst du:
Hier lässt du wen zurück

Vergiss beim Fahren nicht, den Blick
nach links und rechts zu drehen
Nie kommt Vergangenes zurück
Nichts wirst du doppelt sehen

Und kommt ein Berg vor dir in Sicht
Verzag nicht vor den Wänden
Dem Tunnel fehlt's vielleicht an Licht
doch muss die Fahrt nicht enden

So fährt dein Zug bei Nacht und Tag
Stets bringt er dich voran
Vorbei schon, was grad vor dir lag
Am Ziel erst hältst du an

Da steigst du aus - nicht immer gern-
dort, wo kein Mensch mehr wohnt
und schön wär's, dann von dir zu hör'n:
Die Fahrt hat sich gelohnt

Sich gemeinsam Flügel schenken...

Den Flug auf Wolke Sieben lenken...

Ohne Sturz sich fallen lassen...

Das Glück mit beiden Händen fassen...

Sehnsucht

Unmerklich
zerhackt Unruh' Sekunden
zu Ewigkeiten

Sehnsucht tritt aus dem Schatten
überrollt in Wellen die Zeit
strömt in jeden Winkel
lähmt verstohlen den Sinn

Ich bin auf der Suche
nach einem Land
in das Worte eintreten, wie sie gedacht sind
und Herzblicke - wie blind- verstanden werden

Versinken
    - in Gedankendaunen
um dem monotonen Uhrtanz zu entfliehen

Eintauchen
    - in Seitenwege
um den Rhythmus des eigenen Klangs zu finden

Träumen
    - vom warmen Glück

Auf der Suche

Ich möcht' so gerne glücklich sein
Warum will's nicht gelingen?
Warum bin ich denn noch allein?
Kann keiner Liebe bringen?

So viele Fragen! Leeres Schweigen!
Ist niemand für mich da?
Muss unter "Nein" ich ewig leiden?
Gibt es für mich kein"Ja"?

Die Jahre kommen und vergehen
Die Menschen rennen mit
Bleibt nur für mich denn keiner stehen?
Verlangsamt keiner seinen Schritt

und sagt mir: Du, ich brauche dich!
Ich hab dich so gesucht
Hab nicht -wie du- nur weinerlich
gewartet und geflucht

Deine Worte sind wie Steine

Mal rundbunte Kiesel,
die fröhlich klimpern in meinem Ohr
Mal unbehauene Brocken,
die schmerzen, wenn ich mich daran stoße

Sie rollen auf mich zu
und reißen mich -lawinengleich- in die Höhe
oder legen sich in meinen Weg
und bringen mich verunsichert ins Straucheln

Von Zeit zu Zeit zersplittern sie
das schützende Glas, mit dem ich mich umgebe
oder türmen sich als feste Mauer
über die ich nicht klettern kann- in dein Herz

Schwer können sie mich drücken
als ungebetener Gast in einem engen alten Schuh
doch oft nach langem Tragen
als stillvertrauter Wert in meine Tasche wandern

Wie Steine sind deine Worte

Augenblick

In einem schönen Augenblick,

darin liegt meist das wahre Glück.

Das Leben lässt uns viele sehen:

Erkenne sie und bleibe stehen.

Bewahr dir stets den Blick dafür,

dann geht's dir gut, das wünsch ich dir.

Das richtige Leben

Der Mann sagt: Das hab ich so nicht gewollt
nur Arbeit, Schlafen und Essen
Mein Leben wird monoton abgerollt
Wilde Träume von einst sind vergessen

Die Frau sagt: Nie hab ich richtig Zeit
um mal an mich zu denken
Bin stets für das Haus und die Kinder bereit
Hab ein Frachtschiff durchs Chaos zu lenken

    Das richtige Leben
    Wo findet man das?
    Stets lebt man daneben
    sucht irgendwas
    Und meint man dann doch
    man hätt' es gefunden
    schon sitzt man im Loch
    an Zweifel gebunden

Das Kind sagt: Mein Leben ist immer nur Pflicht
Krieg Druck von allen Seiten
Was ich so gern will, das darf ich nicht
Wie das nervt, mit den Alten zu streiten!

Das Paar sagt: Öder geht Leben wohl kaum
Das Alltag frisst uns auf
Das ewige Kribbeln ist doch nur ein Traum
denn meist nimmt es klammheimlich Reißaus

Das richtige Leben
Wo findet man das?
Stets lebt man daneben
sucht irgendwas
Und meint man dann doch
man hätt' es gefunden
schon sitzt man im Loch
an Zweifel gebunden

Die Sehnsucht nach Anderm, sie treibt dich voran
weil du es bei andern entdeckst
Fühlst dich dann in deiner Welt so verlor'n
wirst so neidvoll, dass du erschreckst

Denn was dir nicht gehört, zieht dich in den Bann
doch bist du dann mittendrin
erkennst du schließlich doch irgendwann
nur das Jetzt und das Hier macht den Sinn

Das richtige Leben
du hast es doch längst
Du lebst nicht daneben
auch wenn du das denkst
Drum halte es fest
Nimm es für dich an
Genieße das Jetzt,
nicht das Irgendwann

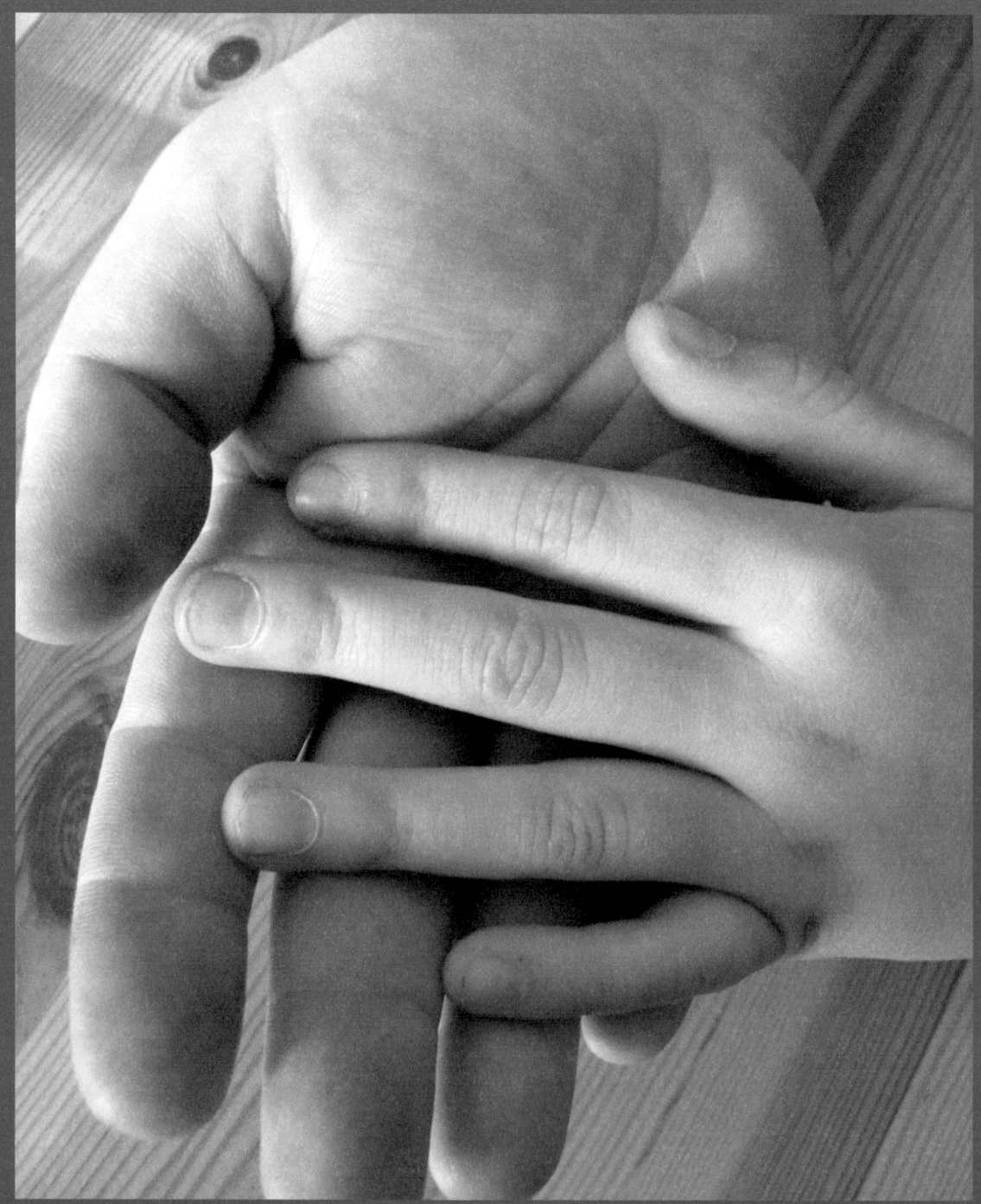

Herzdieb

Das Leben fließt in einem Strom...
Mit einer Kraft, bisher noch nicht gefühlt,
spülte sie mir hervor einen Sohn
Wie hat der alles weichgespült
Ganz neues Denken in mir aufgewühlt!

Betrat die Welt, stahl frech mein Herz
Über solchen Dieb mag ich gern wachen
Erkenne in ihm oft meinen Scherz
Kann mit ihm über Gleiches lachen
Möcht' in ihm allen Mut entfachen

Cool wie die Songs, die er so mag,
doch sanft tief in der Seele drin
Ich denk an ihn wohl jeden Tag,
egal, wo ich auch immer bin
Hab stets sein Wohl in meinem Sinn

So langsam schleicht er sich nun fort
geführt von seinem Zauberstern
Ist auch gesagt nicht jedes Wort,
wird sein Herz es dennoch hör'n
Folgt seiner Sonne, mir nicht fern

Will sagen, was auch je geschieht,
was die Zeit auch mit ihm macht,
wie die Welt ihn jemals sieht,
geht seinen Weg- und ich geb acht
Er bleibt das Glück, das aus mir lacht

Nacht

Aus einem dunklen Traum erwacht
such ich nach Luft, die nicht erstickt
Hab mich in einem Bild verstrickt,
dass es mir klamm die Brust erdrückt
und mich zerreißt, mit aller Macht
Wo fühl ich dich in dieser Nacht?

Ins Leere tastet meine Hand
In diesem Bett ist zu viel Raum
Hab meine Sehnsucht nicht im Zaum
Ertrag dein Fehlen jetzt hier kaum
Glasscherben ziehn durch den Verstand
Hol mich zurück! Bring mich an Land!

Mein traumhafter
in der Abendsonne liegender
verträumter Hafen...

Ich glaube
hier mach ich mein Boot fest
und nähe mir aus dem Segeltuch
ein paar schmucke Hemden

Wanderer in dir

Als Wanderer in deinen Gedanken
geblendet von loderndem Licht
lauf ich gegen geöffnete Schranken
taub vom Schweigen, das langsam bricht

Find mich kaum in dir zurecht...

Flüsse voll herzlicher Wärme
fließen in ein Meer unendlicher Güte
Blumenwiesen in weiter Ferne
Strahlend lacht das Glück aus jeder Blüte

Find mich fast in dir zurecht...

Berge aus Gefühl stieg ich hinauf
Täler aus Tränen hab ich durchstriffen
Mein Pilgerweg nimmt seinen Lauf
Erkenntnis hat mich längst ergriffen

Find mich mehr in dir zurecht...

Das Paradies hat mich berührt
von der Sucht nach Ferne ganz befreit
vom Kompass der Liebe geführt
Ein Gefühl von Heimat macht sich breit

Find mich blind in dir zurecht

Streit

Verzerrte Gesichter
Zerrissene Seelen
Kein innerer Richter
Irrsinniges Quälen

Gezierte Distanz
Unwohles Gespür
Augen fehlt Glanz
Verschlossene Tür

Fremde Vertrautheit
Herz im Visier
Ende der Flugzeit
Vergessenes Wir

Bekümmerte Selbstsucht
Ohr ohne Empfang
Wunsch nach Sofortflucht
Seelen todkrank

Gedanken im Schussfeld
Verletzendes Wort
Zertrümmerte Fühlwelt
Kein Zuneigungsort

Liebe
ist nicht nur
das gemeinsame Erklimmen
von Gipfeln
sondern auch
das Durchschreiten von Tälern

Aber
ohne diese Täler
wären die Berge
ein flaches Nichts

Doch
jedes Tal macht uns klüger
und jeder Gipfel reicher

Und
so macht auch die Liebe
uns eines Tages reich und klug

Diamant oder Kiesel

Geboren   im Herzen   der Erde
zwei Steine - in kantigem Kleid
Was aus ihnen einmal werde,
entscheiden der Mensch und die Zeit

Den einen erzwingt man zu finden
Keine Bosheit ist dabei zu schlecht
Begeht dafür tausendlei Sünden
Gier wird zu geduldetem Recht

Und hält man ihn erst in den Händen
schleift man ihm ein künstliches Kleid
umfasst ihn mit goldenen Wänden
vergisst in seinem Glanz jedes Leid

Der zweite seine Freiheit behält
ist, wo die Fügung ihn will
verträumt sich im Schatten der Welt
nur die Zeit formt ihn maßvoll und still

Wie soll sich dein Dasein erfüllen?
In perfekte Schönheit gepresst?
Geliebt wegen blendender Hüllen?
Begeht, dass man morden lässt?

Oder willst du so sein wie das Leben
dich formt und verändert und liebt?
Und vielleicht wird ein Mensch dir gegeben
der Besonderes in dir sieht.....

Wurzeln

Ihr liebt mich wohl für meine Wärme
Woher sie kommt, ich sag's euch gerne:
Für viel von dem, was ich heut bin,
gab Mutterliebe mir den Sinn

In ihrem Herz stand meine Wiege
Sie zog mich groß mit sanfter Liebe
Hat mich geprägt mit sachtem Mut
In ihrer Nähe ging's mir gut

Sie kämpft noch immer um mein Glück
Wie geb ich's ihr nur je zurück?
Vielleicht tu ich's als Vater schon
Bin doch stets da für meinen Sohn

So schließt sich dann der große Kreis
in ihrem Sinne, wie ich weiß...

Wenn ich einst geh

Wenn ich geh, müsst' ihr nicht weinen
denn ich gehe reich beschenkt
lebte mit mir stets im Reinen
hoff', dass ihr das auch so denkt

Hatt' im Leben reichlich Freuden
verpasste nie das große Glück
Mochte keinen Tag vergeuden
bekam auch, was ich gab, zurück

Denkt an mich ganz ohne Kummer
feiert froh weiter jedes Fest
denn wo ich auch immer schlummer
mich's euer Denken teilen lässt

Auch wenn ich geh, bleibt doch ein Stück
von mir in eurem Herz zurück...

Wenn
der letzte Stern
vom Himmel fällt...
für den allerletzten Wunsch der Welt...
Dann wünsch ich mir das Glück für dich-
So ist es dann auch Glück für mich...

Denn weiß ich es bei dir, das Glück,
so kommt es auch zu mir zurück.